48
Lb. 1980.

NAPOLEON

A SAINTE-HÉLÈNE.

DÉTAILS SUR SA MORT ; SES PENSÉES SUR LA RELIGION ET SUR LA DIVINITÉ DU CHRIST.

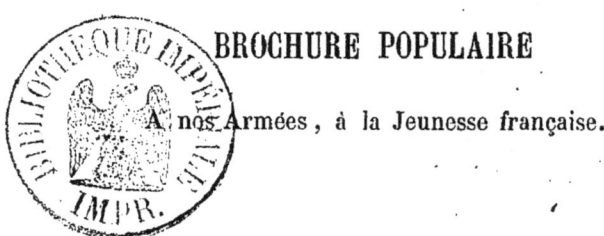

BROCHURE POPULAIRE

A nos Armées, à la Jeunesse française.

Prix : 50 centimes.

TOULOUSE,

Imprimerie Troyes OUVRIERS RÉUNIS,

Rue Saint-Pantaléon, 3.

—

1855.

NAPOLÉON

A SAINTÈ-HÉLÈNE.

DÉTAILS SUR SA MORT ; SES PENSÉES SUR LA RELIGION ET SUR LA DIVINITÉ DU CHRIST.

La mort de l'Empereur, au point de vue religieux, fut de nos jours un grand événement pour le monde catholique. La chaire évangélique et la presse française l'ont proclamée, et cependant que de personnes ignorent, encore aujourd'hui, quels furent les derniers moments du CÉLÈBRE EXILÉ ! Les auteurs des *Mémoires de Sainte-Hélène*, préoccupés de la gloire politique et militaire de Napoléon, ont donné, sur cette mort, des documents tellement incomplets, qu'elle n'a pas fait sur les esprits toute l'impression qu'elle devait naturellement produire. Ces Mémoires, d'ailleurs, surchargés de récits étrangers à notre sujet, sont pour le peuple, et trop étendus, et d'un prix trop élevé. Il nous a donc semblé qu'il serait utile de recueillir et de résumer, en quelques pages, tout ce que nos écrivains les plus dignes de foi nous ont appris sur cet événement et de grouper les faits principaux qui s'y rattachent dans une courte mais fidèle narration.

Cette narration toute simple sera du moins à la portée d'un plus grand nombre de lecteurs. C'est à l'armée, à nos jeunes Français, aux écoles publiques, que nous l'adressons. Dégagée de tout autre détail, elle fera paraître, dans tout son jour, la gloire la plus pure et la plus vraie du Souverain qui fut si grand dans la victoire, et plus grand encore dans l'adversité. Mais qu'on ne pense pas qu'elle soit l'œuvre ou l'expression d'un aveugle enthousiasme, et de l'adulation. Nous ne connaissons, nous n'avons jamais connu les bienfaits du pouvoir, et les idées du siècle ne sont pas nos idées. C'est dans un esprit, dans un sentiment purement religieux que nous proclamons aujourd'hui le Monarque repentant, qui donnait dans ses revers de si hautes leçons à toutes les puissances de la terre. Nous verrons, tout à l'heure, dans quels termes il s'exprimait sur le Verbe incréé, sur l'Homme-Dieu que nous adorons. Célèbre apologie, digne d'être connue, d'être publiée dans tout l'univers! Nous en donnerons une analyse sommaire, un extrait littéral. Des citations, des textes si étendus suspendront le cours de notre narration, mais elle présentera dès lors un immense intérêt. Chacun y puisera de salutaires instructions. Tout ce que nous dirons, du reste, repose sur d'incontestables témoignages : sur ceux de MM. de Las-Cazes, de Montholon, Marchand, O'Méara, et sur les relations les plus exactes qui ont paru depuis.

Pour l'homme du monde et pour l'homme instruit, cette brochure sans doute n'apprend rien de nouveau, et nous le reconnaissons. On a tant écrit sur Napoléon ! Mais dans des temps tels que les nôtres, où l'on a vu la philosophie toute matérielle du siècle dernier rabaisser, pour ne pas dire avilir jusqu'aux positions sociales les plus élevées, on ne saurait assez rappeler *à tous les Français, à toutes les classes, à toutes les conditions*, l'exemple si plein d'enseignements que l'illustre captif donnait au monde. Nous voudrions que tout le monde apprît comment est mort le plus grand personnage des temps modernes. Oublions ses antécédens, oublions toutes les fautes de sa vie passée. L'Empereur avait la foi, et coupable, ou non, il ne sera devant Dieu que ce qu'il fut à son heure dernière. Le lecteur éclairé, à quelque opinion qu'il appartienne, appréciera nos intentions. Si l'indifférence ou la prévention dédaignent cet écrit, l'élite de la France verra toujours avec bonheur que le héros du siècle n'était pas un sceptique. Heureux si, par nos faibles efforts, nous pouvons contribuer à répandre, à propager ses idées religieuses ! Idées profondes, noblement exprimées ! Puisse l'incrédule comprendre aujourd'hui toute la sainteté, toute la puissance du dogme catholique ! Puisse-t-il, après un exemple si haut, si éloquent, ouvrir enfin les yeux aux rayons de l'évidence et de la vérité !

———

Le 10 août 1815, le *Nortumberland* déployait ses voiles et transportait le conquérant du Monde à Sainte-Hélène. Le 18 octobre, Napoléon abordait cette terre lointaine, véritable désert, où de terribles vengeances l'attendaient. Il n'y voit aucun monument, aucun signe extérieur de religion, ni prêtres, ni Eglises... « On me prend pour un Philosophe et pour un incrédule, dit-il, mais je crois tout ce que croit l'Eglise, je crois à l'existence de Dieu. »

On conçoit toute l'impression que dut faire sur l'Empereur la vue de cette côte inhabitée, ou plutôt de ce rocher, jeté si loin du continent, dans l'immensité des Mers atlantiques. « Etre relégué, s'écria-t-il, pour toute la vie dans une île déserte, entre les Tropiques, privé de communication avec le Monde, c'est pis que la cage de Tamerlan. » Mais la réflexion et la pensée de Dieu réveillent à l'instant et raniment dans son âme le sentiment religieux. Vraie consolation pour ce grand homme, unique soutien de son existence sur ce triste rivage, dans cette affreuse colonie.

Un soir, c'était en 1816, il disait aux serviteurs si dévoués qu'il avait avec lui : « Le sentiment religieux est si consolant, que c'est un bienfait du ciel que de le posséder. De quelle ressource ne serait-il pas ici ! Quelle puissance pourraient avoir sur moi les hommes et les choses, si, prenant en vue de Dieu mes revers et mes peines, j'en attendais la félicité future pour récompense ! Quelle jouissance que la contemplation d'un avenir où Dieu lui-même couronne la créature qui a mérité cette récompense (1) ! »

Et revenant sur sa pensée, il continuait ainsi :

---

(1) Las-Cazes, Mémorial, tom. 4, pag. 204. — Chevalier de Beauterne, Conversations religieuses de Napoléon, édition de 1846, pag. 39.

« L'homme qui croit est heureux. Ah! vous ignorez ce que c'est que croire. Croire, c'est voir Dieu, parce qu'on a les yeux toujours fixés dans lui. Heureux celui qui croit ; ne croit pas qui veut. Tel est le christianisme qui satisfait complétement la raison de ceux qui en ont une fois admis le principe, qui s'explique lui-même par une révélation qui vient d'en haut (1)!»

Puis il ajoutait : « Je pardonne bien des choses ; mais j'ai horreur de l'athée et du matérialiste. Comment voulez-vous que j'aie quelque chose de commun avec un homme qui ne croit pas à l'existence de l'âme, qui croit qu'il est un tas de boue, et qui veut que je sois, comme lui, un tas de boue (2)? »

On ne récusera pas le témoignage d'un protestant. «J'ai vu, dit le docteur O'Méara, médecin anglais, Napoléon dans son bain. Il lisait un petit livre que je reconnus pour être le Nouveau-Testament. Je n'ai pu m'empêcher de lui observer que beaucoup de personnes ne pourraient croire qu'il lût un tel livre, attendu qu'on a affirmé et répandu le bruit qu'il ne croyait à rien. Il me répond : Cela n'est pas vrai, et je suis loin d'être athée!»

Le même docteur raconte que l'Empereur lui disait, un jour, qu'il croyait tout ce que croit l'Eglise, et qu'il désirait qu'après sa mort son corps fût brûlé, parce qu'il est facile, ajoutait-il, à l'Etre qui a le pouvoir de réunir les restes des morts, de réformer et de rétablir les corps avec leurs cendres.

(1) Voyez les divers mémoires de Sainte-Hélène et le Chevalier de Beauterne, page 107.
(2) Beauterne, page 107. — Idem. Mémoires de Sainte-Hélène.

Pensées vraiment chrétiennes ! mais bien faites pour étonner de la part d'un conquérant dont la vie fut si agitée, si étrangère, en apparence, aux pratiques religieuses. Il exprimait alors bien sincèrement tous ses regrets d'avoir fait tant souffrir le Saint-Père.

Et si l'on y réfléchit, on sera convaincu que les sentiments qu'il exprimait à Sainte-Hélène, furent, en réalité, les sentiments de toute sa vie. Que de faits qui le prouvent, que d'actes éclatants nous pourrions signaler ! Le rétablissement du culte, par exemple. Elevé, dès le berceau, dans les principes d'une éducation puissamment catholique, « c'est à ma mère, disait-il sur le trône, que je dois ma fortune et tout ce que j'ai fait de bien. » Jamais il n'oublia le jour de sa première communion, qu'il disait hautement avoir été le plus heureux et le plus beau de sa vie.

Reconnaissons aussi que de tels sentiments étaient dans l'Empereur le résultat de sa haute raison, de ses profondes études et de ses méditations. A dix-huit ans, avant la première Révolution, lorsqu'il était placé, comme sous-lieutenant d'artillerie, dans les diverses garnisons du royaume, il passait les nuits à l'étude, à lire de préférence les livres sur la morale et sur la métaphysique la plus abstraite et la plus élevée. «J'aurais pu, disait-il au comte de Montholon, qui le rapporte, me faire recevoir alors docteur en théologie. Les questions religieuses ont toujours eu beaucoup d'attrait pour moi. Elles sympathisent avec mon âme, comme avec ma pensée.» On a trouvé trois cahiers qu'il avait écrits dans ses jeunes années, sur le culte et sur la théologie, et l'on assure qu'il existait dans ces derniers temps un exemplaire du contrat social, en marge duquel on lisait, sur plusieurs pages, ces mots écrits de sa main : «Cela n'est pas vrai.»

Mais poursuivons et continuons de voir le héros du siècle et de l'étudier tel qu'il fut à Sainte-Hélène. Reprenons une narration si intéressante au point de vue de la religion et de la vraie philosophie.

Nous ne dirons pas toutes les peines dont il fut accablé sur la terre étrangère, jusques dans ses tristes foyers, et les procédés inouïs qu'eut à son égard un homme aussi grossier qu'Hudson-Lowe. Les Mémoires de Sainte-Hélène l'ont assez raconté.

Nous ne parlerons pas, non plus, du conquérant, du législateur. Nous placerons l'Empereur dans une sphère plus élevée, plus digne de lui. C'est le philosophe éminent, c'est le profond penseur, c'est le chrétien sincèrement convaincu que nous admirons et que les plus grands esprits admirent avec nous.

Nous venons d'exposer ses principes et ses sentiments religieux. Mais il faut l'entendre, lorsqu'il parle des mystères qui nous entourent, de l'existence de Dieu, et principalement lorsqu'il prouve la Divinité du Christ.

Dans une des soirées de Sainte-Hélène, qu'un si grand nom a immortalisées, il prononçait devant ses généraux les paroles suivantes, où le sublime de la pensée se trouve réuni à la noblesse de l'expression :

« L'homme lancé dans la vie, leur disait-il, se demande
» d'où viens-je? qui suis-je? Ce sont autant de ques-
» tions qui nous précipitent vers la religion. Nous
» courons au-devant d'elle ; notre penchant naturel nous
» y porte; on croit à Dieu, parce que tout le proclame
» autour de nous... (1)

» Dire d'où je viens, où je vais, ce que je suis, tout

---

(1) Amédée Gabourd, pag. 246, 247.

» cela est au-dessus de mes idées. Je suis la montre qui
» existe et qui ne se connaît pas. L'homme aime le
» merveilleux : le vrai, c'est que tout est merveille au-
» tour de nous. Tout est phénomène dans la nature. Mon
» existence est un phénomène. Toutes les causes premiè-
» res sont des phénomènes. Mon intelligence, mes fautes
» sont des secrets admirables que nous ne savons ni
» deviner, ni définir. Telle est la nature, dont les se-
» crets sont infinis, délicats, fugitifs, lesquels jusqu'ici
» échappent à l'analyse comme à la synthèse... » (1)

Voici sur l'existence de Dieu, un trait de génie que les plus grands modèles n'ont pas surpassé (2).

« Sire, lui disait le Maréchal Bertrand, sur un ton
» que cet Officier superieur n'aurait jamais pris aux Tui-
» leries, vous croyez en Dieu. Mais enfin qu'est-ce? l'avez-
» vous vu ? »

— « Je vais vous le dire, répliqua l'Empereur. Com-
» ment jugez-vous qu'un homme a du génie? le génie
» est-il une chose visible? qu'en savez-vous pour y
» croire? On voit l'effet, on y croit, n'est-ce pas? Sur
» le champ de bataille, au fort de la mêlée, quand vous
» aviez besoin d'une prompte manœuvre, d'un trait de
» génie, pourquoi, vous le premier, me cherchiez-vous
» de la voix et du regard? De toutes parts on n'entendait
» qu'un cri : Où est l'Empereur ? les ordres ! Que signi-
» fiait ce cri? sinon de l'instinct, de la croyance en moi,
» en mon génie. Eh bien! l'univers me fait croire en

---

(1) Beauterne, pag. 59, 41.
(2) Michaud jeune, *Biographie Universelle*, tom. 75. Au supplément, *verbo* Napoléon. L'abbé Gallois, *Théologie du jeune chrétien*, p. 54.

» Dieu. Je crois à cause de ce que je vois, à cause de
» ce que je sens. Ces effets merveilleux de la toute-
» puissance divine ne sont-ce pas des réalités aussi po-
» sitives, plus éloquentes que mes victoires? Qu'est-ce
» que la plus belle manœuvre auprès du mouvement des
» astres?

» Oui, il existe un Etre infini, auprès duquel, général
» Bertrand, vous n'êtes qu'un atome, auprès duquel moi,
» Napoléon, avec tout mon génie, je suis un vrai rien,
» un pur néant, entendez-vous! »

Mais rappelons, enfin, rappelons ce que disait l'Empereur sur l'auteur divin du Christianisme.

Il était écrit dans les décrets impénétrables du Ciel, que le conquérant du Monde serait, de nos jours, l'athlète et le défenseur le plus puissant de la foi Catholique. Spectacle étonnant et bien fait pour confondre toute la science et toute la philosophie moderne! Les textes que nous allons transcrire sont authentiques. Ils portent avec eux l'empreinte inimitable de l'inspiration ou du génie. (1)

(1) « On sait, dit M. Nicolas dans son excellent ouvrage,
» *Etudes philosophiques sur le Christianisme*, imprimé en 1852,
» tome 4, page 81 à la note, que le jugement de Napoléon sur
» Jésus-Christ a été publié dans un livre écrit en 1841, d'après
» les communications du général Monthölon. Les journaux l'ont
» donné comme extrait des Mémoires inédits du général Bertrand
» qui était avec Montholon l'interlocuteur de Napoléon dans les
» conversations de celui-ci sur ce sujet. Cité plusieurs fois dans des
» circonstances solennelles, ce jugement passe généralement pour
» historique. Sa valeur est d'ailleurs dans la touche originale dont
» il est empreint. On y voit l'ongle du lion. »

M. Nicolas vient de le reproduire en très-grande partie dans son livre et au tome ci-dessus indiqués, après les journaux et les divers auteurs qui l'avaient déjà rapporté.

« Je ne conçois pas, Sire, lui disait encore le général
» Bertrand, qu'un grand homme comme vous puisse
» croire que l'Etre suprême se soit jamais montré aux
» hommes avec un corps comme le nôtre ? »

Et c'est alors que Napoléon lui répond par ces paroles laconiques que tout le monde sait :

« Je connais les hommes et je vous dis que Jésus
» n'est pas un homme. »

Il continue....... il va prouver que notre Seigneur est Dieu, et la thèse si belle qu'il défend repose sur trois points principaux qu'il importe, avant tout, de faire connaître.

1°

Jésus est Dieu. *Sa naissance, l'histoire de sa vie, la profondeur de son dogme, son Evangile, sa marche à travers les siècles et les royaumes, tout décèle dans le Sauveur du Monde la divinité.* Il n'y a d'ailleurs qu'un Dieu capable de créer une religion qui combat les passions les plus secrètes de l'homme, où tout *consiste à croire,* où la science, vaine et superbe du siècle, tombe devant cette seule parole : La Foi ! et le Christ règne *par delà la vie* et *par delà la mort,* et son église reste debout, *quoiqu'assaillie, sans cesse, par l'Océan furieux de la colère et du mépris du Ciel, et l'horizon de son empire s'étend et se prolonge indéfiniment.*

2°

Jésus est Dieu. *Il est le seul qui ait dit clairement*, je suis Dieu, *et sans donner d'autres raisons, le fils d'un charpentier*, *un misérable crucifié entraîne*, *incorpore à lui-même*, *non pas un peuple*, *une nation*, mais tout l'univers, mais l'espèce humaine.

3º

Jésus est Dieu. Lui seul pouvait subjuguer la pensée ; lui seul, à la différence des conquérants et de tous les grands personnages que le monde admire, a conquis toutes les affections de l'homme : notre amour, notre dévouement jusqu'à la mort, *en un mot, le cœur*.

Voilà les preuves éclatantes qu'invoque l'Empereur à l'appui des grandes vérités qu'il annonce et qu'il va signaler. Tel est, selon nous, l'ordre et le plan qu'il embrasse, et maintenant voyons sur ce terrain le héros de Wagram et d'Austerlitz.

Son premier argument en faveur de la divinité du Christ ; les développements si remarquables, si étendus qu'il lui donne couronnent à nos yeux et complettent ce que disaient sur ce sujet, ce qu'ont enseigné tous les saints et les plus grandes têtes du monde catholique. Voici quelques extraits de ce premier argument qui suffiront pour en donner une idée.

Après avoir démontré que tous les dieux placés sur l'autel du paganisme n'ont rien de divin, il s'écrie :

« Il n'en est pas de même du Christ. Tout de lui m'é-
» tonne; son esprit me dépasse, et sa volonté me confond.
» Entre lui et quoi que ce soit au monde, il n'y a pas de
» terme possible de comparaison. Il est vraiment un être
» à part. Ses idées et ses sentiments, la vérité qu'il an-
» nonce, sa manière de convaincre, ne s'expliquent ni
» par l'organisation humaine, ni par la nature des choses.

» Sa naissance, l'histoire de sa vie, la profondeur de
» son dogme qui atteint vraiment la cime des difficultés
» et qui en est la plus admirable solution, son Evangile,
» son empire, sa marche à travers les siècles et les royau-
» mes, tout est pour moi un prodige ; je ne sais quel
» mystère insondable qui me plonge dans une rêverie dont
» je ne puis sortir, mystère qui est là sous mes yeux,
» mystère permanent que je ne puis nier et que je ne puis
» expliquer non plus.

» Ici je ne vois rien de l'homme. Plus j'approche, plus
» j'examine de près, tout est au-dessus de moi, tout
» demeure grand d'une grandeur qui écrase, et j'ai beau
» réfléchir, je ne me rends compte de rien.

» Sa religion est un secret à lui seul et provient d'une
» intelligence qui n'est certainement pas l'intelligence de
» l'homme. Il y a là une originalité profonde qui crée
» une série de mystères et de maximes morales incon-
» nues. Jésus n'emprunte rien à aucune de nos sciences.
» On ne trouve qu'en lui seul l'imitation ou l'exemple de
» sa vie. Ce n'est pas non plus un philosophe.... Dès le
» commencement ses disciples sont ses adorateurs. Il les
» persuade bien plus par un appel au sentiment que par
» un déploiement fastueux de méthode et de logique.
» Aussi ne leur impose-t-il ni des études préliminaires,
» ni la connaissance des lettres : toute sa religion con-
» siste à croire.

» En effet, les Sciences et la Philosophie ne servent de
» rien pour le salut, et Jésus ne vient dans le monde que
» pour révéler les secrets du Ciel et les lois de l'esprit.
» Aussi, n'a-t-il affaire qu'à l'âme, il ne s'entretient qu'avec
» elle, et c'est à elle seule qu'il apporte son Evangile.
» L'âme lui suffit, comme il suffit à l'âme. Jusqu'à lui,

» l'âme n'était rien. La matière et le temps étaient les
» maîtres du monde. A sa voix, tout est rentré dans
» l'ordre. La science et la philosophie ne sont plus qu'un
» travail secondaire. L'âme a reconquis toute sa souve-
» raineté. Tout l'échafaudage scholastique tombe, comme
» un édifice ruiné, par un seul mot, LA FOI.

» Quel maître, quelle parole qui opère une telle ré-
» volution! Il enseigne aux hommes la prière, il impose
» ses croyances, et nul ici ne peut contredire, d'abord,
» parce que l'Evangile contient la morale la plus pure,
» ensuite, parce que le dogme, dans ce qu'il contient
» d'obscur, n'est autre chose que la proclamation et la
» vérité de ce qui existe, là où nul œil ne peut voir et
» où nul raisonnement ne peut atteindre.

» Quel est l'insensé qui dira, NON, au voyageur in-
» trépide qui raconte les merveilles des pics glacés que
» lui seul a eu le courage de visiter?

» Le Christ est ce hardi voyageur. On peut demeurer
» incrédule, sans doute, mais on ne peut pas dire, *cela
» n'est pas*.

» D'ailleurs, consultez les philosophes sur ces ques-
» tions mystérieuses qui sont l'essence de l'homme et
» aussi l'essence de la religion. Quelle est leur réponse?
» et quel est l'homme de bon sens qui a jamais rien
» compris aux systèmes de la philosophie ancienne ou
» moderne qui ne sont vraiment qu'une vaine et pom-
» peuse idéologie, sans aucun rapport avec notre vie
» domestique, avec nos passions. Sans doute, à force de
» réfléchir, on parvient à saisir la clé de la philosophie
» de Socrate et de Platon. Mais il faut être métaphysicien
» et il faut de plus, avec des années d'études, une apti-
» tude spéciale : mais le bon sens tout seul, le cœur,

» un esprit droit, suffisent pour comprendre le christia-
» nisme........

A ces mots, Napoléon garde un instant le silence; il remarque l'impression que font autour de lui et la profondeur de ses pensées et la majesté de son langage. Puis, revenant sur son sujet, sujet si saint, si élevé! il reprend ainsi la suite et l'enchaînement de ses idées. Il dit:

« Le Christ attend tout de sa mort. Est-ce là l'invention
» d'un homme? Non; c'est au contraire une marche étran-
» ge, une confiance surhumaine, une réalité inexplicable.
» N'ayant encore que quelques disciples idiots, le Christ
» est condamné à mort. Il meurt, objet de la colère des
» prêtres juifs et du mépris de sa nation, abandonné et
» contredit par les siens : et comment pouvait-il en être
» autrement de celui qui avait annoncé par avance ce qui
» allait lui arriver? On va me prendre, on me crucifiera,
» disait-il; je serai abandonné de tout le monde... Mais
» ensuite, la justice divine étant satisfaite... le lien de
» l'homme avec Dieu sera renoué, et ma mort sera la vie
» de mes disciples.

» Et cette folle promesse, cette prédiction d'un miséra-
» ble crucifié, s'est accomplie littéralement, et le mode
» de l'accomplissement est peut-être plus prodigieux que
» la promesse. »

« Quel étrange symbole! l'instrument du supplice de
» l'Homme-Dieu; ses disciples en sont armés. Ils portent
» la croix dans l'univers avec leur conviction; flamme
» ardente qui se propage de proche en proche : « Le
» Christ Dieu, disent-ils, est mort pour le salut des
» hommes. » Quelle lutte, quelle tempête soulèvent ces

» simples paroles autour de l'humble étendard du supplice
» de l'Homme-Dieu ! que de sang versé ! quel acharne-
» ment ! Mais ici, la colère et toutes les fureurs de la haine
» et de la violence ; là, la douceur, le courage moral,
» une résignation infinie. Pendant trois cents ans, la
» pensée lutte contre la brutalité des sensations, la cons-
» cience contre le despotisme, l'âme contre le corps, la
» vertu contre tous les vices. Les chrétiens meurent en
» baisant la main de celui qui les tue. L'âme seule pro-
» teste pendant que le corps se livre à toutes les tortures.
» Partout les chrétiens succombent, et partout ce sont
» eux qui triomphent........

» Le Christ prouve qu'il est le Fils de l'Eternel par son
» mépris du temps. Tous ses dogmes signifient une même
» chose : L'ÉTERNITÉ.

» Aussi, comme l'horizon de son empire s'étend et se
» prolonge indéfiniment ! Le Christ règne par delà la vie
» et par delà la mort. Le passé et l'avenir sont égale-
» ment à lui. Le royaume de la vérité n'a et ne peut
» avoir d'autre limite que le mensonge. Tel est le
» royaume de l'Evangile qui embrasse tous les temps
» et tous les peuples. Jésus s'est emparé du genre hu-
» main, il en a fait une seule nation, la nation des hon-
» nêtes gens qu'il appelle à une vie parfaite. »

Passages éloquents ! inépuisable sujet de méditation pour l'homme qui pense et qui réfléchit ! Nous nous permet-trons d'ajouter à des pages si belles une observation sur le renversement universel du paganisme que la chaire d'ailleurs et la théologie ont si souvent rappelée.

La religion de l'homme-Dieu s'établit sur la terre par des voies inconnues que notre faible raison ne peut com-prendre. Dès le commencement, la synagogue, la philosophie d'alors et tous les rois idolâtres se soulèvent contre elle. Le sang des martyrs coule à torrents. Mais une puissance cachée la protége. Sans appui, sans secours humain, armé seulement du signe, si faible en apparence, que saint Paul, le plus grand homme de l'univers, appelait la folie de la croix, le christianisme pénètre partout; il brise, de loin en loin, tous les obstacles; il porte son drapeau dans la ville éternelle. Enfin l'idolâtrie succombe et s'écroule; tous les faux dieux disparaissent, et le culte barbare qu'on leur rendait est en tous lieux et pour toujours rejeté. A ce miracle si solennel, si éclatant, *comment ne pas reconnaître le verbe Créateur du monde!*

Ce que l'Empereur ajoute plus tard sur Mahomet et sur l'alcoran, est prophétique et bien digne de fixer toute l'attention de l'observateur. Voici ce jugement :

« L'esprit de Mahomet, ou plutôt son imagination, a
» fait tous les frais de tous les autres dogmes de l'al-
» coran. Livre plein de confusion et d'obscurité, d'un
» novateur passionné qui se tourmente pour résoudre
» avec le génie des questions plus hautes que le génie,
» et il n'aboutit vraiment qu'à des turpitudes, tant il est
» vrai qu'il n'est donné à personne, même à un grand
» homme, de rien dire de satisfaisant sur Dieu, le
» paradis et la vie future, si Dieu ne l'en instruit lui-
» même préalablement.

» Partout l'homme ambitieux se montre à découvert
» dans Mahomet. Vil flatteur de toutes les passions les
» plus chères au cœur de l'homme! Comme il caresse
» la chair! Quelle large part il fait à la sensualité.

» Il fallait enlever un peuple. L'appel aux passions fut
» nécessaire, à la bonne heure! il a réussi : mais la
» cause de son triomphe sera la cause de sa ruine. Tôt

» ou tard, le croissant disparaîtra de la scène du monde
» et la croix y demeurera (1).

» Le sensualisme tue en définitive les nations, aussi-
» bien que les individus qui ont le malheur d'en faire la
» base de leur existence.

» Si le titre d'imposteur s'accole facilement au nom
» de Mahomet, il répugne tellement avec celui du Christ,
» que je ne crois pas qu'aucun ennemi du christianisme
» ait jamais osé l'en flétrir...... »

C'est ainsi, c'est dans ces termes que Napoléon établit d'abord et démontre que Jésus est notre Dieu, notre Rédempteur et le maître souverain de l'univers. Après d'autres réflexions qu'on trouve dans tous les recueils, il aborde, il approfondit la seconde preuve qu'il donne de la divinité du Christ : *Jésus est le seul qui ait dit clairement*, JE SUIS DIEU.

Ici, le Monarque éloquent s'exprime avec la même

---

(1) Prévision remarquable ! dont les derniers événements politiques semblent annoncer l'accomplissement plus ou moins éloigné ! qu'avons-nous vu, que voyons-nous, en effet, depuis la mort de l'Empereur ?

La croix a remplacé le croissant jusques dans les mosquées et sur les minarets d'Afrique. L'ombre du Prophète n'a plus sur les populations musulmanes l'influence fanatique d'autrefois. On respecte aujourd'hui, on admire à Constantinople la pompe imposante de notre culte et de nos cérémonies. On y bénit la France, et la puissance du cabinet ottoman, sa haine contre le nom chrétien n'existent plus. Serait-il donc vrai que l'islamisme, œuvre de l'imposteur, touche à sa fin? Ce n'est pas à nous à connaître, à fixer l'heure et le moment ; mais, s'il est permis à la faiblesse humaine de s'élancer dans les voies mystérieuses du ciel, nous dirons que la guerre actuelle d'Orient, et nos conquêtes en Algérie, pourraient être la préface d'un si grand événement.

force, la même puissance de logique. Toujours orthodoxe, il s'élève toujours aux plus hautes contemplations, et c'est une bouche royale qui paie un tel tribut à la divinité !

« Il est vrai, dit-il, que le Christ propose à notre foi
» une série de mystères. Il commande avec autorité d'y
» croire, sans donner d'autres raisons que cette parole
» épouvantable : Je suis Dieu !......

» Sans doute, il faut la foi pour croire à cet article-
» là, je suis Dieu ! qui est celui duquel dérivent tous les
» autres articles. Mais le caractère de la divinité du Christ,
» une fois admis, la doctrine chrétienne se présente
» avec la précision et la clarté de l'algèbre. Il faut y ad-
» mirer l'enchaînement et l'unité d'une science.

» Appuyée sur la Bible, cette doctrine explique le mieux
» les traditions du monde. Elle les éclaircit, et les autres
» dogmes s'y rapportent étroitement comme les anneaux
» scellés d'une même chaîne. L'existence du Christ, d'un
» bout à l'autre, est un tissu tout mystérieux, j'en
» conviens ; mais ce mystère répond à des difficultés qui
» sont dans toutes les existences. Rejetez-le, le monde
» est une énigme ; acceptez-le, vous avez une admira-
» ble solution de l'histoire de l'homme.

» Le christianisme a un avantage sur tous les philo-
» sophes et sur toutes les religions. Les chrétiens ne se
» font pas illusion sur la nature des choses. On ne peut
» leur reprocher ni la subtilité, ni le charlatanisme des
» idéologues qui ont cru résoudre la grande énigme des
» questions religieuses, avec de vaines dissertations sur
» ces grands objets. Insensés ! dont la folie ressemble à
» celle d'un enfant qui veut toucher le Ciel avec sa
» main, ou qui demande la lune pour son jouet ou sa
» curiosité.

» Le christianisme dit avec simplicité : nul n'a vu
» Dieu, si ce n'est Dieu. Dieu a révélé ce qu'il était. Sa
» révélation est un mystère que la raison ni l'esprit ne
» peuvent concevoir. Mais, puisque Dieu a parlé, il faut
» y croire. Cela est d'un grand bon sens.

» L'Evangile possède une vertu secrète, je ne sais
» quoi d'efficace, une chaleur qui agit sur l'entendement
» et qui charme le cœur. L'Evangile n'est pas un livre,
» c'est un être vivant avec une action, une puissance
» qui envahit tout ce qui s'oppose à son extension. Le
» voici sur cette table, ce livre par excellence (et ici
» l'Empereur le toucha avec respect); je ne me lasse
» pas de le lire et tous les jours avec le même plaisir.

» Le Christ ne varie pas, il n'hésite jamais dans son
» enseignement, et la moindre affirmation de lui est mar-
» quée d'un cachet de simplicité et de profondeur qui
» captive l'ignorant et le savant, pour peu qu'ils y
» prêtent leur attention.

» Nulle part, on ne trouve cette série de belles idées,
» de belles maximes qui défilent comme les bataillons de la
» milice céleste, et qui produisent dans notre âme le
» même sentiment que l'on éprouve à contempler l'éten-
» due infinie du Ciel resplendissant par une belle nuit
» d'été de l'éclat des astres.

» Non-seulement notre esprit est préoccupé, mais il
» est dominé par cette lecture, et jamais l'âme ne court
» risque de s'égarer avec ce livre.

» Une fois maître de notre esprit, l'Evangile captive
» notre cœur. Dieu même est notre ami, notre père et
» vraiment notre Dieu. Une mère n'a pas plus de soin de
» son enfant qu'elle allaite. L'âme, séduite par la beauté
» de l'Evangile, ne s'appartient plus, Dieu s'en empare

» tout à fait ; il en dirige les pensées et les facultés. Elle
» est à lui.

» Quelle preuve de la divinité du Christ ! Avec un
» empire aussi absolu, il n'a qu'un seul but, l'améliora-
» tion spirituelle des individus, la pureté de la cons-
» cience, l'union à ce qui est vrai, la sainteté de l'âme.

» Enfin, il n'y a pas de Dieu dans le Ciel, si un
» homme à pu concevoir et exécuter avec un plein suc-
» cès le dessein gigantesque de dérober pour lui le culte
» suprême en usurpant le nom de Dieu. Jésus est le seul
» qui l'ait osé; il est le seul qui ait dit clairement : Je suis
» Dieu, ce qui est bien différent de cette affirmation : *Je*
» *suis un Dieu*, ou de cette autre : *il y a des dieux*. L'His-
» toire ne mentionne aucun autre individu qui se soit qua-
» lifié lui-même de Dieu dans le sens absolu. La Fable n'é-
» tablit nulle part que Jupiter et les autres dieux se soient
» eux-mêmes divinisés. C'eût été de leur part le comble
» de l'orgueil et une monstruosité, une extravagance ab-
» surde. C'est la postérité, ce sont les héritiers des premiers
» despotes qui les ont déifiés. Tous les hommes étant
» d'une même race, Alexandre a pu se dire le fils de
» Jupiter. Mais toute la Grèce a souri de cette super-
» cherie, et de même l'apothéose des Empereurs romains
» n'a jamais été une chose sérieuse pour les Romains.
» Mahomet et Confucius se sont donnés simplement pour
» des agents de la divinité. La déesse Egérie de Numa
» n'a jamais été que la personnification d'une inspiration
» puisée dans la solitude des bois. Les dieux Brahma
» de l'Inde sont une invention psychologique.

» Comment donc un juif dont l'existence historique est
» plus avérée que toutes celles des temps où il a vécu,
» lui seul fils d'un charpentier se donne-t-il tout d'abord

» pour Dieu même, pour l'Être par excellence, pour le
» Créateur des êtres ! Il s'arroge toutes les sortes d'ado-
» rations. Il bâtit son culte de ses mains, non avec des
» pierres, mais avec des hommes. ».

Mais l'Empereur se surpasse lui-même, il s'élève à la hauteur des premiers docteurs de l'Eglise, lorsqu'il arrive à son dernier argument, dont personne, on peut le dire, n'avait eu, comme lui, la pensée. (Jésus a confisqué à son profit toutes les affections de l'homme, son amour, son dévoûment). Rien, à nos yeux, rien d'éloquent, comme la conclusion ou la fin de cette apologie.

« On s'extasie, poursuit le guerrier théologien, on
» s'extasie sur les conquêtes d'Alexandre ! Eh bien ! voici
» un conquérant qui confisque à son profit, qui unit, qui
» incorpore à lui-même, non pas une nation, mais l'es-
» pèce humaine : quel miracle ! l'âme humaine avec
» toutes ses facultés devient une annexe de l'existence
» du Christ !

» Et comment, par un prodige qui surpasse tout
» prodige, il veut l'amour des hommes, c'est-à-dire ce
» qui est le plus difficile d'obtenir, ce qu'un sage de-
» mande vainement à quelques amis, un père à ses
» enfants, une épouse à son époux, un frère à son
» frère ; en un mot, le cœur. C'est là ce qu'il veut pour
» lui. Il l'exige absolument, et il réussit tout de suite.
» J'en conclus sa divinité. Alexandre, César, Annibal,
» Louis XIV, avec tout leur génie, ont échoué. Ils ont
» conquis le monde et ils n'ont pu parvenir à avoir un
» ami.... Il est vrai, nous aimons nos enfants, pour-
» quoi ? Nous obéissons à un instinct de la nature, à
» une volonté de Dieu, à une nécessité que les bêtes

» elles-mêmes reconnaissent et remplissent. Mais com-
» bien d'enfants qui restent insensibles à nos caresses,
» à tant de soins que nous leur prodiguons! Combien
» d'enfants ingrats!

» Vos enfants, général Bertrand, vous aiment-ils?
» Vous les aimez, et vous n'êtes pas sûr d'être payé de
» retour. Ni vos bienfaits, ni la nature ne réussiront
» jamais à leur inspirer un amour tel que celui des
» Chrétiens pour leur Dieu! Si vous veniez à mourir,
» vos enfants se souviendraient de vous en dépensant
» votre fortune, sans doute; mais vos petits-enfants
» sauraient à peine si vous avez existé. Et vous êtes le
» général Bertrand, et nous sommes dans une île, et
» vous n'avez d'autre distraction que la vue de votre
» famille!

» Le Christ parle, et désormais les générations lui
» appartiennent par des liens plus étroits, plus intimes
» que ceux du sang, par une union plus intime, plus
» sacrée, plus impérieuse que quelque union que ce
» soit. Il allume la flamme d'un amour qui fait mourir
» l'amour de soi, qui prévaut sur tout autre amour.

» A ce miracle de sa volonté, comment ne pas re-
» connaître le Verbe créateur du monde!

» Les fondateurs de religion n'ont pas même eu l'idée
» de cet amour mystique qui est l'essence du Christia-
» nisme sous le beau nom de Charité.

» C'est qu'ils n'avaient garde de se lancer contre un
» écueil. C'est que dans une opération semblable, *se*
» *faire aimer*, l'homme porte en lui-même le sentiment
» profond de son impuissance. Aussi, le plus grand
» miracle du Christ, sans contredit, c'est le règne de
» la Charité.

» Lui seul est parvenu à élever le cœur des hommes
» jusqu'à l'invisible, jusqu'au sacrifice du temps. Lui
» seul, en créant cette immolation, a créé un lien entre
» le ciel et la terre.

» Tous ceux qui croient sincèrement en lui ressentent
» cet amour admirable, surnaturel, supérieur. Phéno-
» mène étonnant, impossible à la raison et aux forces
» de l'homme, feu sacré donné à la terre par ce nou-
» veau Prométhée, dont le temps, ce grand destruc-
» teur, ne peut ni user la force, ni limiter la durée...
» Moi, Napoléon, c'est ce que j'admire davantage,
» parce que j'y ai pensé souvent, et c'est ce qui me
» prouve absolument la divinité du Christ. J'ai passionné
» des multitudes qui mouraient pour moi. A Dieu ne
» plaise que je fasse aucune comparaison entre l'enthou-
» siasme des soldats et la charité chrétienne, qui sont
» aussi différents que leur cause ! Mais enfin, il fallait
» ma présence, l'électricité de mon regard, mon accent,
» une parole de moi. Alors, j'allumais le feu sacré dans
» les cœurs. Certes ! je possède le secret de cette puis-
» sance magique qui enlève l'esprit ; mais je ne saurais
» le communiquer à personne : aucun de mes généraux
» ne l'a reçu ni deviné de moi. Je n'ai pas davantage le
» secret d'éterniser mon nom et mon amour dans les
» cœurs, et d'y opérer des prodiges sans le secours de
» la matière.

» Maintenant que je suis à Sainte-Hélène, maintenant
» que je suis seul et cloué sur ce roc, qui bataille et
» conquiert des empires pour moi ? Où sont les courti-
» sans de mon infortune ? Pense-t-on à moi ? Qui se
» remue pour moi en Europe ? Qui m'est demeuré fidèle ?
» Où sont mes amis ? Oui : deux ou trois que votre

» fidélité immortalise. Vous partagez, vous consolez
» mon exil.

» Oui, mon existence a brillé de tout l'éclat du dia-
» dème et de la souveraineté, et la vôtre, Bertrand,
» réfléchissait cet éclat, comme le dôme des Invalides,
» doré par nous, réfléchit les rayons du soleil. Mais
» les revers sont venus. L'or, peu à peu, s'est effacé.
» La pluie du malheur et des outrages dont on m'abreuve
» chaque jour, en emporte les dernières parcelles. Nous
» ne sommes plus que du plomb, général Bertrand, et
» bientôt, je serai de la terre.

» Telle est la destinée des grands hommes ! telle a été
» celle de César et d'Alexandre, et l'on nous oublie ! et
» le nom d'un conquérant, comme celui d'un empereur,
» n'est plus qu'un thème de collége. Nos exploits tom-
» bent sous la férule d'un pédant qui nous loue ou nous
» insulte.

» Que de jugements divers on se permet sur le grand
» Louis XIV ! A peine mort, le grand roi lui-même fut
» laissé seul dans l'isolement de sa chambre à coucher
» de Versailles, négligé par ses courtisans, et peut-être
» l'objet de leur risée. Ce n'était plus leur maître, c'était
» un cadavre, un cercueil, une fosse et l'horreur d'une
» imminente décomposition.

» Encore un moment, voilà mon sort et ce qui va
» m'arriver à moi-même. Assassiné par l'oligarchie an-
» glaise, je meurs avant le temps, et mon cadavre va
» être rendu à la terre pour y devenir la pâture des vers.

» Voilà la destinée très-prochaine du grand Napoléon.
» Quel abîme entre ma misère profonde et le règne éter-
» nel du Christ, prêché, encensé, aimé, adoré vivant
» dans tout l'univers ! Est-ce là mourir ? n'est-ce pas

» plutôt vivre ? Voilà la mort du Christ ; voilà celle de
» Dieu.»

Ici, l'Empereur s'arrête, l'homme de génie a cessé de parler. Le petit nombre de serviteurs qui l'entourent sont profondément émus, et s'adressant alors au maréchal Bertrand (qui ne connaît cette belle apostrophe)! «Si vous ne croyez pas, lui dit-il, que Jésus-Christ est Dieu, eh bien! j'ai eu tort de vous faire général.»

Hâtons-nous de le dire : que Napoléon nous paraît grand, qu'il est sublime, lorsque parlant d'Alexandre, de César et de lui-même, il ajoute : « Et l'on nous ou-
» blie ! et le nom d'un Conquérant, comme celui d'un
» Empereur n'est plus qu'un thême de collége. »

Qu'on nous passe à ce sujet la réflexion suivante :

La gloire des conquérants et de tous les grands noms que l'histoire proclame, qu'est-elle en effet ? qu'est-elle comparée à la gloire des saints ? Le souvenir de ces grands noms n'existe plus dans le peuple. Ils sont pour le peuple, *eux et leurs descendants, comme s'ils n'étaient jamais nés.*

Mais la gloire des saints surpasse toutes les gloires. Leur gloire est IMMORTELLE. Elle embrasse tous les temps. Les empires, de tout temps, les villes, nos temples, nos monuments, leur furent consacrés. Elle est UNIVERSELLE. Partout, dans tous les rangs, jusques dans les classes les plus pauvres, les plus obscures, on célèbre leurs fêtes, on les honore, on les prie. Partout, dans tout l'univers, on invoque MARIE; toutes les générations l'appellent bienheureuse ; le malheureux l'implore dans ses peines, dans sa douleur, et lorsque le moment suprême approche, l'homme le plus coupable se jette dans les bras de son Fils.

Mais reprenons notre sujet ; on a vu, nous venons

d'exposer le beau monument que l'Empereur élevait, dans ses revers, à la gloire du Sauveur des hommes. O puissance de la grâce ! quel rayon de lumière éclairait alors cette grande existence, si superbe autrefois, si absolue, et maintenant accablée, anéantie sous le poids du malheur ! Inexplicable phénomène ! d'autant plus étonnant que nul, autour de lui, ne secondait ses idées religieuses. On a parlé des peines et des contradictions que lui suscitèrent quelques serviteurs frivoles ou incrédules; mais par respect pour la fidélité et par égard pour le dévouement, fermons les yeux sur ces tristes et déplorables détails.

Cependant sa santé s'altérait visiblement. Sur la fin de 1818, les symptômes les plus graves se déclarèrent. Longue et cruelle agonie ! Les journaux en ont parlé, les Mémoires du temps et tous les Recueils l'ont publiée. Ce sont des faits tombés, à l'heure qu'il est, dans le domaine de l'histoire, et pour les raconter, nous n'emprunterons ni la forme, ni le style d'autrui.

On sait, par exemple, que sa plus grande peine, en arrivant à Sainte-Hélène, fut de n'avoir aucun secours religieux. Il fait écrire en Europe pour avoir des prêtres ; mais les lettres furent retenues ou interceptées. Il fait écrire de nouveau, et le Vatican enfin, ainsi que le gouvernement français, en furent instruits. « Quel est le prêtre, observe un des ministres de Louis XVIII, qui consentirait à s'exiler à Sainte-Hélène ? » — « Moi, répond le pieux Monseigneur de Quélen, coadjuteur de l'Archevêque de Paris. Je m'offre volontiers pour aller gagner cette âme à Jésus-Christ. » Malheureusement une offre si héroïque ne fut pas écoutée. Sa Sainteté fait partir, peu de temps après, deux ecclésiastiques italiens, MM. *Buonavita* et *Vignali*. Ils débarquent à Sainte-Hélène le 21 septembre 1819, et dès ce moment la messe est dite à Longwood, résidence de l'Empereur. La veille, dit M. le chevalier de Beauterne, il ne pouvait dissimuler sa satisfaction. Il commanda lui-même les préparatifs. « Sur le trône, disait-il, oui, je ne le cache pas, j'avais du respect humain et beaucoup trop de timidité. S'il eût fallu cependant confesser la foi au prix du martyre, j'aurais retrouvé tout mon caractère. Maintenant que je suis à Sainte-Hélène, pourquoi dissimuler ce que je pense au fond de l'âme? Ici, je vis pour moi, je veux la messe et professer ce que je crois. »

Les faits suivants confirmeront toute la sincérité de sa foi. Un des généraux qui l'avaient suivi, ose se vanter en sa présence de n'avoir pas fait sa première communion. « C'est très-mal à vous, réplique l'Empereur; vous avez manqué à un premier devoir. Vous vous êtes rendu coupable touchant votre éducation (1). »

Le premier jour, l'abbé Vignali dit la messe assez promptement. — « Vous allez trop vite, monsieur l'abbé, lui dit Napoléon, beaucoup trop vite. Pourquoi cela? quelle excuse? qui vous presse ici? A l'avenir, dites-nous la messe, une bonne messe (2). »

« Tu es italien comme moi, disait-il à Cypriani, son maître d'hôtel! ce n'est pas le poisson qui nous manque ici. Fais-nous du maigre. C'est aujourd'hui vendredi (3). »

Ce fut vers le commencement de 1821, que sa ma-

---

(1) Las-Cazes. *Mémorial*. Tome 4, page 204.
(2) Chevalier de Beauterne, pages 72 et 124.
(3) *Idem*.

ladie fit les progrès les plus alarmants. « Là, là, disait-il au docteur Antomarchi en prenant sa main et la portant à l'estomac : C'est un couteau de boucher qu'ils ont mis là et ils ont brisé la lame dans la plaie. Je vois que je touche à ma fin, le coup est porté, je vais rendre mon corps à la terre. — Ah ! comme je souffre ! s'écriait-il dans une crise épouvantable, ma mort ne peut être éloignée. En quel état je suis tombé ! J'étais si actif ! A peine si je puis soulever ma paupière ! Je ne suis plus Napoléon.—Plus d'illusion, disait-il au docteur Arnolt, médecin attaché à la garnison anglaise, je sais ce qui en est et je suis résigné. » — Un jour, le comte de Montholon cherche à le rassurer sous le prétexte d'un mieux passager survenu dans son état. — « Vous ne vous trompez pas, mon ami, lui dit l'Empereur, je suis mieux aujourd'hui, mais je ne sens pas moins que ma fin approche. »

Le 3 avril 1821 fut un jour effrayant. Il eut la force néanmoins de refaire, les jours suivants, son testament, et c'est dans ce testament qu'il déclare, à la face du monde entier, qu'il est catholique romain et qu'il meurt dans cette religion.

L'abbé Buonavita, vieux et infirme, avait quitté Ste-Hélène. L'abbé Vignali resta seul et ne quitta plus l'Empereur.

A cette époque, c'est-à-dire dans les premiers jours d'avril, les vomissements ne lui laissaient plus de repos. Il fut impossible de lui donner le viatique : mais, dans la nuit du 20 au 21, il reçut, sur sa demande, l'extrême-onction.

Après cette triste et touchante cérémonie, il répéta,

devant ceux qui l'assistaient, les mêmes paroles qu'il adressait, dans une autre circonstance, au comte de Montholon : « Je n'ai jamais douté de Dieu, dit-il ; car si ma raison n'eût pas suffi pour le comprendre, mon intérieur ne l'adoptait pas moins. Mes nerfs étaient en sympathie avec ce sentiment. » (1)

Le lendemain 21 avril, il fait venir l'abbé Vignali avec le médecin Antomarchi. — « Monsieur l'abbé, dit-il, savez-vous ce que c'est qu'une chapelle ardente? — Oui, Sire. — En avez-vous desservi ? — Aucune. — Eh bien! vous desservirez la mienne. » Dans ce moment, Antomarchi si léger, si frivole d'ailleurs, éclate de rire. Il a raconté lui-même, dans ses Mémoires, ce que lui dit le souverain outragé d'une telle inconvenance. — « Vous êtes un athée, vous êtes médecin. Les médecins ne brassent que de la matière. Je ne suis ni philosophe, ni médecin. Je crois à Dieu. Je suis chrétien, catholique romain. Soyez athée, Monsieur ; pour moi, je veux remplir tous les devoirs que la religion impose et recevoir tous les secours qu'elle administre. » Et s'adressant de nouveau à l'abbé Vignali. — « Monsieur l'abbé, vous direz la messe tous les jours, et vous continuerez à la dire après ma mort. Vous placerez un crucifix sur mon cœur. Je veux en outre que dès à présent, vous exposiez tous les jours le Saint-Sacrement, et que vous disiez, tous les jours, les prières de quarante-heures. (2) »

(1) Ces paroles sont rapportées par Amédée Gabourd, *Histoire de Napoléon*, page 247. Elles ont été transmises par le général Montholon.

(2) Mémoires d'Antomarchi, t. 2, p. 117 et 118, édition de Barrois, 1825. — Amédée Gabourd, p. 591.

Napoléon cependant ne cessait de voir, en particulier, l'abbé Vignali.

Le 27 avril, les vomissements deviennent moins fréquents, et toutefois la catastrophe est imminente. Nous touchons au terme fatal. Moment terrible ! l'Empereur ne le redoute pas.

Dès l'instant que les vomissements s'appaisent, il ne songe plus qu'à donner à Dieu, en le recevant, la preuve la plus vraie, la plus positive, la plus solennelle de sa foi, et Dieu n'oubliera pas les services immenses que le redoutable guerrier rendit, dans les premiers temps, à l'Eglise.

Couché sur son lit de douleur, Napoléon supplie, dans la soirée du 29 avril, le comte de Montholon d'aller prendre un peu de repos. Depuis trente-neuf nuits cet ami, ce serviteur incomparable, était auprès du malade, le compagnon de chaîne, comme il le dit lui-même, du maréchal Bertrand. Rappelons ici les propres expressions du noble comte : « L'insistance, dit-il, que mit l'Empereur me prouva qu'il parlait sous l'impression d'une préoccupation étrangère à la pensée qu'il m'exprimait. Il me permit de lui parler comme à un père et j'osai lui dire ce que je comprenais de son insistance. Il me répondit sans hésiter : Oui, c'est le prêtre que je demande. Veillez à ce qu'on me laisse seul avec lui et ne dites rien. J'obéis et lui amenai immédiatement l'abbé Vignali que je prévins du saint ministère qu'il allait remplir. »

Que se passa-t-il, cette nuit, à Longwood? il est certain que l'illustre pénitent reçut alors le Saint-Viatique; et pourquoi faut-il que les biographes de l'époque, que

M. de Norvins, par exemple, aient passé sous silence l'acte le plus important de sa vie?

Mais, ce que n'ont pas dit, ce que n'ont pas voulu dire les biographes dont nous parlons, un autre écrivain va nous l'apprendre.

M. Michaud jeune, si connu, si distingué dans le monde littéraire et dans le monde religieux, avait consulté tous les témoignages, et s'appuyant sur celui de M. de Montholon, voici ce qu'il raconte dans sa *Biographie universelle*, ci-dessus citée au même tom. 75, *verb.* NAPOLÉON. On ne dira pas de lui qu'il fût prévenu ou passionné pour l'Empereur.

« Après s'être humblement confessé, dit-il, cet Empereur, naguère si superbe, reçut le Saint-Viatique.... et il passa toute la nuit en prières, en actes de piété aussi touchants que sincères. Le lendemain matin, quand le général Montholon parut, il lui dit d'un ton affectueux et plein de satisfaction : Général, je suis heureux, j'ai rempli tous mes devoirs; je vous souhaite à votre mort le même bonheur. J'en avais besoin, voyez-vous? Je suis Italien, enfant de la Corse. Le son des cloches m'émeut, la vue d'un prêtre me fait plaisir. Je voulais faire un mystère de tout ceci; mais cela ne convient pas; je dois, je veux rendre gloire à Dieu. Je doute qu'il lui plaise me rendre la santé, n'importe : donnez vos ordres, général, faites dresser un autel dans la chambre voisine pour qu'on y expose le Saint-Sacrement et qu'on y dise les prières de quarante-heures. »

Récit touchant, plein d'intérêt! Il faudrait imprimer sur la tombe de l'Empereur, en caractères ineffaçables, ces paroles admirables que nous venons d'entendre : JE SUIS HEUREUX, J'AI REMPLI TOUS MES DEVOIRS.

Mais à peine les a-t-il prononcées, à peine a-t-il donné l'ordre d'élever un autel et d'exposer le très saint Sacrement, qu'une scène d'intérieur, un déplorable incident vient l'accabler.

Le maréchal Bertrand, dont la fidélité surpassa tous les dévouements, mais qui n'avait pas, dans ce moment, les idées religieuses qu'il professa depuis, ose s'opposer à cet acte si pieux d'un agonisant. Il se permet de faire disparaître l'autel et de dire, dans la chambre même de l'Empereur, que de telles manifestations étaient peu dignes, en politique, d'un vieux soldat. A ces mots, Napoléon, demi-mourant, ne peut se contenir et se soulevant avec peine : « Général, lui dit-il, d'une voix pleine encore d'autorité, je suis chez moi. Vous n'avez pas d'observation à faire ici. Pourquoi donc y êtes vous ? Est-ce que je me mêle de votre ménage, moi ? » On ne répliqua pas et l'autel fut à l'instant rétabli.

On était au 30 avril, et pendant l'espace de cinq jours que l'Empereur vécut encore, il ne prononça pas un mot qui ne fût l'expression de toute sa bienveillance et de son incomparable résignation. « J'ai fait, dit-il, plus d'ingrats qu'Auguste, que ne suis-je, comme lui, en état de leur pardonner. » Il jette un voile sur les torts de Marie-Louise, dont il est instruit. Il porte dans son cœur et tous les siens et tous ceux qui l'ont servi. M. Marchand, son digne valet de chambre, il l'appelle son ami. Toujours en possession de lui-même : « j'avais, dit-il, le projet de réunir toutes les sectes du christianisme. Mais les revers sont venus trop tôt. Du moins j'ai rétabli la religion. C'est un service dont on ne peut calculer les suites. Que seraient les hommes sans la religion ! » Et dans l'attente de son heure dernière il ajoutait : « Il n'y a rien de terrible dans la mort. Elle a été la compagne de mon oreiller pendant ces trois semaines ; et à présent elle est sur le point de s'emparer de moi pour toujours. J'aurais désiré revoir ma femme et mon fils, mais que la volonté de Dieu soit faite. »

Le 3 mai, il demanda et il reçut de nouveau le saint viatique (1). « C'est maintenant, dit-il, après l'avoir reçu, que je suis en paix avec le genre humain ». Le urlendemain, 5 mai 1821, entre cinq et six heures du soir, il porte, avant d'expirer, un dernier regard sur ses généraux rassemblés autour de lui. Il joint les mains en disant, Mon Dieu ! Le délire de la mort arrive et son âme immortelle prend son essor vers la grande éternité. Il était âgé de cinquante-un ans neuf mois et dix jours.

Telle fut la fin de cet homme étonnant. Que d'existences royales, que de têtes illustres se sont égarées dans leurs voies et n'ont pas expié, ni reconnu, comme lui, leurs coupables erreurs ! Les empires seront détruits, tous les grands noms s'effaceront, mais le souvenir d'une mort si exemplaire restera gravé, pour toujours, dans la mémoire des hommes, et la victoire que l'Empereur a remportée sur lui-même, à Sainte-Hélène, surpassera tous ses triomphes et les actions les plus éclatantes de sa vie.

(1) Michaud, *eodem loco*. C'est également ce que le docteur Antomarchi a attesté dans ses Mémoires.

Extrait du Testament et des Codicilles de Napoléon.

TESTAMENT.

15 avril 1821, à Longwood, île Sainte-Hélène.

CECI EST MON TESTAMENT OU ACTE DE DERNIÈRE VOLONTÉ.

Sur la somme de six millions qu'il avait placés en partant de Paris en 1815 et sur les intérêts de cette somme, à 5 pour 100, depuis juillet 1815, Napoléon commence par disposer de cinq millions six cent mille francs en faveur de tous ceux qui possédaient son affection spéciale ou qui furent l'objet de sa reconnaissance et qu'il désigne. Puis il ajoute :

« Tout ce que ce placement produira au-delà de la somme de
» 5,600,000 fr. dont il a été disposé ci-dessus, sera distribué en
» gratifications aux blessés de Waterloo, et aux officiers et soldats
» du bataillon de l'île d'Elbe, sur un état arrêté par Montholon,
» Bertrand, Drouet, Cambronne et le chirurgien Larrey.

» Ces legs, en cas de mort, seront pays aux veuves et enfants,
» et à défaut de ceux-ci rentreront à la masse. »

Plus bas il s'exprime ainsi :

« Mon domaine privé était ma propriété dont aucune loi française
» ne m'a privé, que je sache...... Il doit se monter à plus de
» 200,000,000......

» Je lègue mon domaine privé, moitié aux officiers et soldats qui
» restent des armées françaises qui ont combattu depuis 1792 jusqu'à
» 1815, pour la gloire et l'indépendance de la nation. La réparti-

» tion en sera faite au prorata des appointements d'activité ; moitié
» aux villes et campagnes d'Alsace, de Lorraine, de Franche-Comté,
» de Bourgogne, de l'Ile de France, de Champagne, Forez, Dau-
» phiné, qui auront souffert par l'une ou l'autre invasion. Il sera de
» cette somme prélevé un million pour la ville de Brienne et un
» million pour la ville de Méry. »

CODICILLES.

Premier Codicille.

Du 16 avril 1821, Longwood.

Napoléon lègue dans ce Codicille aux comtes Bertrand, Montholon et à M. Marchand, tout l'argent, bijoux, argenterie et effets mobiliers qu'il possède à Sainte-Hélène.

2° Codicille.

Du 24 avril 1821.

« Sur la liquidation de ma liste civile d'Italie... Je dispose de deux
» millions que je lègue à mes plus fidèles serviteurs.....
» Cent mille francs pour être répartis entre les proscrits qui errent
» en pays étrangers, Français, ou Italiens, ou Belges, ou Hollan-
» dais, ou Espagnols ou des départements du Rhin......
» Deux cent mille francs pour être répartis entre les amputés ou
» blessés grièvement de Ligny, Waterloo, encore vivants.... »

3° Codicille.

24 avril 1821, à Longwood.

Ce Codicille ne contient que des legs faits en faveur du duc d'Istrie, de la duchesse de Frioul, du général Rigaud.....

4° Codicille. Du même jour.

Divers legs en faveur de ses serviteurs qu'il désigne.

5ᵉ Codicille. Du même jour.

Dans ce Codicille l'Empereur dispose des fonds remis en or à l'impératrice Marie-Louise, à Orléans, en 1814.

« Elle reste devoir, dit-il, deux millions, et il veut que là-des-
» sus deux cent mille francs soient distribués en aumônes aux habi-
» tants de Brienne-le-Château qui ont le plus souffert.... »

« Trois cent mille francs seront distribués aux officiers et soldats
» du bataillon de ma garde de l'île d'Elbe, actuellement vivants, ou à
» leurs veuves et enfants au prorata des appointements. Les amputés
» ou blessés grièvement auront le double. L'état en sera arrêté par
» Larrey et Emmery. »

DÉCRET IMPÉRIAL DU 12 AOUT 1854.

Ce décret ouvre un crédit de huit millions de francs au ministre d'Etat pour être affecté à l'exécution des dispositions testamentaires de l'Empereur Napoléon Iᵉʳ.

D'après les instructions ministérielles, la somme de huit millions doit être répartie de la manière suivante :

1º Aux officiers et soldats du bataillon de l'île d'Elbe, ou à leurs veuves et à leurs enfants.	300,000 fr.
2º Aux blessés de Ligny et de Waterloo. . .	200,000 fr.
3º Aux officiers et soldats qui ont servi plus ou moins longtemps dans l'intervalle de 1792 à 1815.	1,500,000 fr.
4º A la ville de Brienne.	400,000 fr.
5º A la ville de Méry.	300,000 fr.
6º Aux provinces qui ont le plus souffert des deux invasions.	1,300,000 fr.
7º Aux légataires particuliers ou à leurs veuves et à leurs héritiers directs.	4,000,000 fr.
TOTAL.	8,000,000 fr.

D'après les mêmes instructions, les dispositions relatives aux blessés de Ligny et de Waterloo, ainsi qu'aux militaires qui ont servi dans l'intervalle de 1792 à 1815, ne s'appliquent qu'aux militaires de ces deux catégories qui sont encore vivants. Elles ne concernent ni leurs veuves, ni leurs enfants.

Les ayant-droit doivent s'adresser à son Excellence le Ministre d'Etat et joindre à leur demande une copie de leurs états de service, avec un certificat de vie légalisé par le sous-préfet.

Les anciens militaires dont les états de service se trouvent en ce moment à la grande Chancellerie peuvent se dispenser d'en produire d'autres, en ayant soin de faire mention de ce dépôt dans leur demande, à laquelle par conséquent ils n'auront à joindre que le certificat de vie.

www.ingramcontent.com/pod-product-compliance
Lightning Source LLC
Chambersburg PA
CBHW060514050426
42451CB00009B/983